U0813999

前 言

幼儿益智游戏活动是一种深受幼儿喜爱的常见游戏类型，有助于幼儿形成观察、思维、分析解决问题等多种能力和习惯。幼儿园教师益智游戏活动的实践能力主要体现在三个方面，一是对益智游戏活动有基本认识，二是会运用益智游戏活动的组织与指导方法，三是掌握益智游戏观察与评估方法。

本书从提高幼儿教师益智游戏活动的实践能力需要出发，对幼儿益智游戏活动进行了概述，介绍了益智游戏的主要功能、年龄特点、常见类型及材料等相关知识，阐述了益智游戏活动支持与引导的策略，以及益智游戏观察和评估的要点，指导教师正确解读各个年龄阶段幼儿益智游戏的典型表现，提高对幼儿益智游戏活动的设计、实施与评价的能力，针对幼儿益智游戏活动的五大类型，提供了 20 个益智游戏活动案例，为教师开展小、中、大班幼儿益智游戏提供参考与借鉴。

本书是幼儿园在多年理论与实践研究基础上积淀总结形成的，可操作性强，可作为幼儿园教师指导幼儿益智游戏活动的自主研修用书或培训课程教材，也可用于教师教育教学活动参考。

目录

Contents

幼儿园益智游戏活动指导

丛书主编　赵　宇
分册主编　赵春萍　邵日芳
分册副主编　聂小玲
编　　者　刘　岩　曹雁妮　张秀丽　马　晶　邢晓昕
谷欣欣　王丽红　李　丽　王桂英　田　洁
王艳楠　杨　爽　周　瑜　李　蔚　魏美婧
晁　颖　石　昳　孙丽君　王聪聪　李梦轩
崔芯蕊

辽宁师范大学出版社
·大　连·

编者的话

提高学前教育质量的关键在于提高幼儿园教师队伍的专业素养。在国家教育部2012年颁布的《幼儿园教师专业标准（试行）》（以下简称《专业标准》）中，将幼儿园教师保教工作实践能力视为核心，作为评估业务水平的重要标志。因此，探索将《专业标准》中的教育理念与基本要求转化为具体的教育策略，提高幼儿园教师运用专业知识分析解决教育实践问题的能力，对促进其专业发展具有重要意义。"幼儿园教师实践能力指导与培训丛书"（以下简称"丛书"）就是为了更好地贯彻《专业标准》和《3-6岁儿童学习与发展指南》而编写的。

"丛书"有三个突出的特点。一是主题性。"丛书"聚焦《专业标准》中环境的创设与利用、一日生活的组织与保育、游戏活动的支持与引导、教育活动的计划与实施、教师的反思与发展等专业能力，将其中的基本要求细化为各分册微主题，形成了主题化、系列化的丛书结构。二是实践性。"丛书"各分册内容力求做到精选专业知识和基本技能，凸显实践中的应用方法和常见问题的解决策略，通过提供系统的、丰富的实践经验和教育智慧，满足教师实际应用的需要，实现基于理论的实践指导。三是范例性。"丛书"提供了大量的实例、样例，这些文本、案例、问题情境等资源，为幼儿园教师起到了借鉴、参考和示范的作用。

"丛书"既可作为幼儿园教师自主研修用书，也可用于实践能力培训课程，还可作为园本课程研发与使用资源。编写团队由具有多年研究和实践经验的研训教师及一线优秀教师组成，内容来源于幼儿园教育教学实践与研究成果，作为区域幼儿园教师培训课程已经多次使用并获得好评。由于编写时间和编者水平所限，书中若有疏漏和不足之处，敬请斧正。

编者

2018年7月

第一章 幼儿益智游戏活动的基本认识

益智游戏是以游戏的形式锻炼脑、眼、手，使人在游戏中获得逻辑力和敏捷力的游戏。幼儿益智游戏是指幼儿通过手脑并用或操作材料（棋牌类、拼图类）进行逻辑思维游戏发展智力的活动。益智游戏是幼儿智力发展的动力，它能激发幼儿的求知欲与创造力，使幼儿掌握一些知识技能，形成对待事物的正确态度，促进幼儿全面发展。

一、益智游戏主要功能

益智游戏在幼儿发展中具有重要的益智意义，幼儿可以在多样化的益智游戏中获得不同的关键经验和能力，益智游戏的主要功能有四个方面：

1.学习观察的方法，形成良好的观察习惯，提高观察力。

2.尝试辨别、分析、判断，提高分析问题、解决问题的能力。

3.拓展思维的敏捷性、灵活性、独创性，锻炼逻辑思考能力。

4.习得专注、细致、有序、有条理等良好学习习惯。

二、益智游戏年龄特点

从感知觉、记忆、想象、思维等认知过程及品质的发展等方面出发，各年龄班幼儿的年龄特点主要如下：

小班

- 能观察到事物粗略轮廓，注意力易受情绪和外界干扰而转移。
- 喜欢运用多种感官探知材料，如看、听、摸等。
- 从众性较强，常常模仿身边同伴，易受同伴影响频繁更换材料。
- 喜欢反复操作自己熟悉的玩具和材料，扩展性的操作较少出现。
- 缺乏解决问题的经验、能力和耐心，容易中断、改换材料或放弃活动。
- 以自我为中心，喜欢独占玩具和独自游戏。

中班

- 观察有意性逐渐加强，能按照一定的顺序进行较为细致的观察。
- 常常在游戏中表现出无计划性，边操作边思考。
- 在感兴趣的游戏活动中持久性、目的性和专注性有了比较明显的提高。

▲对于同一材料，多次操作后便不再满足于原有的常规玩法，尝试探索新玩法。

▲遇到困难开始尝试解决，但解决的办法比较简单，一旦不成功，往往转而选择其他游戏。

▲不再满足于自己玩，开始喜欢找同伴一起玩，但在交往过程中很容易发生冲突。

大班

▲能通过事物的表面现象观察到事物的细微变化，专注度高，不易受外界干扰。

▲游戏带有明显的目的性和计划性，在游戏前能够清楚地知道并说出自己想要做什么和怎样做。

▲对自己感兴趣的问题刨根问底，探索中有所发现时，感到兴奋和满足。

▲在操作中不会局限于某一种玩法，能对几种材料进行综合使用，或在前一游戏玩法的基础上拓展出不同的玩法。

▲乐意介绍自己的操作经验。

▲喜欢合作游戏，探索中遇到困难时能通过同伴影响、迁移操作经验、和同伴讨论协商等办法解决，而不是直接求助于教师。

三、益智游戏常见类型

益智游戏活动按照不同的特征有不同的分类，常见的分类方法有三种：

（一）按照益智游戏功能分类

1.发展感知能力的游戏

主要通过对幼儿“视、听、嗅、味、触”等感官进行刺激，用看一看、听一听、闻一闻、尝一尝、摸一摸等方式进行游戏。感官游戏对于年龄越小的幼儿越重要。

听一听——瓶子里装的是什么，就放到对应的小图片下

摸一摸——袋子里装的是什么，就挂在对应的小图片下

2.发展记忆能力的游戏

常以快速观察、记忆、再现（实物、图形、图案、数字）等方式进行游戏，培养幼儿记忆的敏捷性、准确性，发展持久性。

记忆对对碰

记一记、猜一猜什么不见了

3.发展思维能力的游戏

有猜谜、接龙、分类、比较、改错、排序、运算、迷宫等，促进幼儿思维的敏捷性、灵活性的发展。

走迷宫——沿着有红蘑菇的小路找回家

分类游戏——把小猴子喜欢的水果圈出来

4.发展观察能力的游戏

包括目测、寻找、发现等，促进幼儿观察的目的性、持久性的发展。

顺着线找一找小动物的家在哪里

找找两幅图中有几处不同

（二）按益智游戏材料分类

1.操作类游戏

益智区里常见的操作类材料包括：穿孔类、迷宫类、套桶类、触摸类、编织类等。另外，小班教师还可以为幼儿提供舀、夹、扫、捣等锻炼小肌肉的日常生活操作材料，中、大班幼儿增加绕线团、编辫子、包水饺、缝补刺绣等内容。

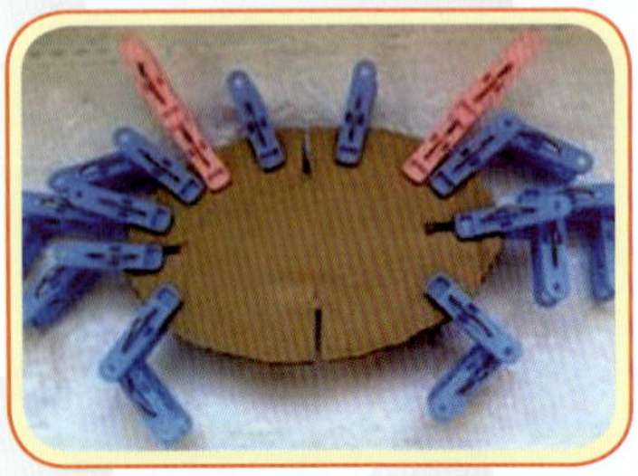

玩夹子

给小动物喂食

套一套

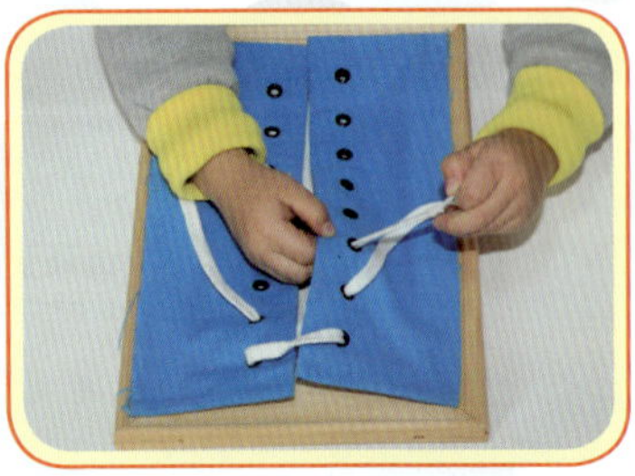

穿一穿

开锁

洞洞墙

2.拼图类游戏

一般有封闭式拼图和开放式拼图两种形式。封闭式拼图是将一个图案或完整的物体图像分割后，打乱顺序，再重新拼出原图，如动物拼图、场景拼图等。开放式拼图是利用一组几何形体、花纹、图案、自然材料等，创造性地拼出不同的图案和形体。

封闭式拼图

开放式拼图

3.棋牌类游戏

棋牌游戏寓教于乐，是幼儿园中、大班益智游戏不可缺少的活动内容。此类游戏属于规则游戏，有挑战，有输赢，对幼儿规则意识、交往能力、合作能力、抗挫能力等社会性发展有着重要的作用。

自制飞行棋

玩牌——抽对儿

4.数学类游戏

数学游戏是益智游戏中非常重要的一类游戏，往往结合集中教学活动中的目标以及幼儿的经验水平来设计，如排序游戏、数量比较游戏、分合游戏等。

看电影——序数游戏

分雪花片——数的分合游戏

（三）按益智游戏来源分类

1.民间益智游戏

一些来源于民间的经典益智游戏，游戏材料可以随意就地取材，内容易懂易学，不受时间、空间限制，趣味盎然，其乐无穷。教师将这些游戏加以收集、整理与改编，成为幼儿非常喜欢的益智游戏，如“东西南北”“挑冰棍儿”“抓大把儿”“翻花绳儿”“拔根儿”“金锁银锁”“五子棋”“七巧板”“华容道”“九连环”等。

拔根儿

翻花绳儿

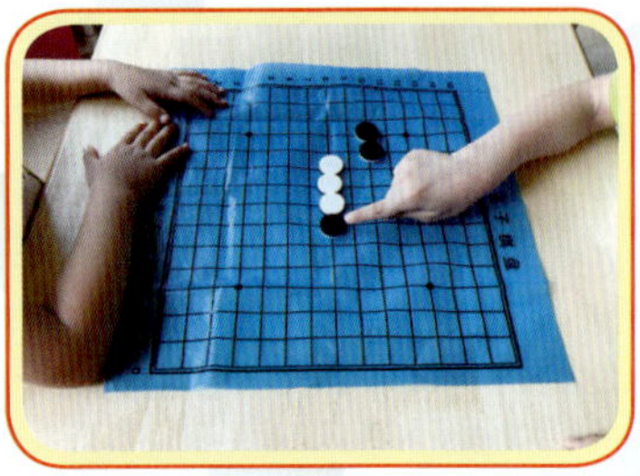

五子棋

挑冰棍儿

九连环

2.创编益智游戏

结合幼儿园课程实施和各年龄段幼儿发展需求，把教育目标融于游戏材料之中开发与创编益智游戏。通过幼儿手脑并用操作材料进行逻辑思维活动，满足幼儿的求知欲，在对数、形、空间等的感知过程中培养其爱动脑的习惯，使之变得更加聪明，并促进幼儿理智感的发展。

四、益智游戏常用材料

材料是益智游戏的有效载体，益智游戏中的材料主要来源于购买、利用及自制等。

（一）购买

生活中购买的一些益智类游戏玩具，一方面因色彩鲜艳、玩法多样、趣味性强深受幼儿喜欢，另一方面也可以大大减轻教师制作玩教具的工作量。

磁力片

磁性拼拼乐

俄罗斯方块

（二）利用

生活中的日常用具和自然物可以巧为利用，真实的材料可以让幼儿学以致用，迁移生活经验，获得真切感受，教师可以利用大自然丰富多彩的环境和材料使益智游戏乐趣横生。在选择材料时，要注意其安全性。

贝壳

PVC管

糖纸

纸盒

夹子

线绳

（三）自制

自制玩教具是幼儿教师必备的技能，当现有的材料不能满足活动需要时就要求教师自制玩教具。自制玩教具的原材料可以购买，也可以利用安全无毒的自然资源、废旧物品，如树叶、石子、贝壳、可乐瓶、泡沫板、包装盒等。

第二章 幼儿益智游戏活动的支持与引导

在益智区游戏的组织过程中，教师时常感到困惑的有怎样创设益智游戏区、益智游戏区需投放哪些材料、益智游戏活动应如何组织。为此，建议教师应在空间设计、情境创设、材料投放、组织流程、时间安排、常规建立等方面进行精心设计和组织，保证益智游戏活动的有效开展，真正实现益智游戏在幼儿发展中的价值。

一、空间设计

幼儿园益智游戏的场所主要有班级的益智游戏区和益智游戏专项活动室。益智游戏一般都是较安静的活动，空间设计要有利于幼儿观察，思考，分析、解决问题。

（一）班级益智区的创设要求

◆ 临近较安静的区域，可设于光线明亮之处。

◆ 空间要足够容纳2~6名幼儿在桌面操作。

◆ 开放式的教具柜2~4个，操作用小桌子1~2个，适合两人一组游戏的小方桌最佳。

◆ 玩具分类摆放，并设有对应标记，使幼儿能在取用后自行归位。

◆ 区域里要留一处柜面或墙面，作为幼儿的活动记录墙。

◆ 有条件的幼儿园也可将此区分为桌面区、地面区和墙面区，桌面区可供幼儿操作益智类玩具，地面区可进行大型拼图或低结构游戏活动，墙面区可作为幼儿另一操作区域使用或张贴经验图表等。

益智区

操作墙面

（二）益智专项活动室的创设要求

★ 营造安静的环境，区域间可用小屏风、小柜子等作为封闭或半封闭的隔断。

★ 方形操作桌子，小圆凳或小地垫，满足两人一桌游戏。

★ 可提供一些大型的、种类不同的、数量较多的、系列性的操作游戏材料。如拼图、棋类游戏。

★ 要提供幼儿记录操作的墙面，便于幼儿记录游戏。

★ 适合各年龄班游戏的材料要分类摆放，并做好标识，便于幼儿选择。

二、情境创设

益智区要有目的地创设具有一定情绪色彩、以形象为主体、生动具体的场景，以帮助幼儿获得一定的情绪体验，积累相关的游戏经验。

（一）标识式常规

标识式常规就是将常规要求转化成标识式的符号、图画，将这些符号、图画呈现在幼儿要与之互动的材料和环境中，通过符号、图画提示，使幼儿自觉地规范行为，从而促进良好常规的养成。益智区的标识式常规包括：入区规则、游戏操作规则、材料使用规则等。

入区规则

游戏操作规则

（二）图文式指示

将益智游戏的玩法和规则运用照片、图画、符号、文字等标识，形成形象的、浅显易懂的图文指示。小班可以由教师提供，中、大班可组织幼儿讨论后，让幼儿自己绘制玩法、规则。

小班花蝴蝶游戏实物对应操作规则

幼儿手绘大班金龟子游戏操作规则

（三）过程性记录

将幼儿的学习和发展转化成“可视化”的记录，包括照片、图表、记录单、活动照片、竞争榜、兑奖记录等。

- 活动照片展示时教师要帮助幼儿配上照片说明。
- 规则性游戏要创设竞争榜或挑战榜，对比赛情况进行统计，做好积分和奖品兑换。
- 开放性游戏可用图文形式记录游戏的玩法。
- 提供小便签和记录笔，方便幼儿随时记录游戏中的问题。

照片记录

大班幼儿拼图作品记录单

竞争榜及奖品兑换

三、材料投放

材料是益智游戏的有效载体。游戏材料的特质及操作方式往往能直接决定幼儿获取的经验，影响幼儿能力的发展。

（一）趣味性

为激发幼儿的游戏兴趣，可根据幼儿特点，将目标隐含在好玩的游戏情境如钓鱼、装糖果、喂小动物等，和生活情境如整理袜子、开锁、扭瓶盖中。

（二）层次性

不同年龄段幼儿的年龄特点和最近发展区均不相同，要结合幼儿的年龄特点和典型表现，体现不同的层次性。

	投放原则	颜色与数量	原料与类型
小班	鼓励看、听、摆弄等多种感官参与 少强调规则 培养兴趣和参与意识	色彩鲜艳，3种颜色即可 同种材料的数量要满足幼儿的操作需要	柔软、有声响的材料 形象逼真的仿真材料 镶嵌、接插的游戏材料
中班	培养专注力和注意力的发展 规则要求相对提高 注意阶段性投放，由易到难 提高操作难度，刺激深入探索和创造	颜色可增加到6种 数量不宜过多	主体化、情境化的趣味游戏 以一种材料的基本玩法为基础，尝试一物多玩

（续表）

	投放原则	颜色与数量	原料与类型
大班	鼓励主动操作与探索 游戏类型多样化，继续探索多种玩法 自行制定规则 创造合作游戏的机会和条件	颜色可增加到 8 种 增加低、非结构材料	规则化、具有挑战性的游戏材料 提供记录板、记录单、作品展示墙等 比赛形式、合作与竞争游戏

（三）动态性

益智游戏材料投放不是一成不变的，应当是动态变化、适时更新的。

要随主题活动的开展进行更新。如大班“会说话的标志”主题投放“标志对对碰”游戏材料，“各行各业的人”主题投放“破译电话号码”游戏材料。

要根据幼儿经验水平的提升、兴趣点的变化及时调整，如“有趣的数独游戏”，可以按照图案数独—图形数独—数字数独不断更换游戏材料。

（四）探究性

投放的材料要有利于激发幼儿的探索兴趣，引发幼儿去发现、竞争与挑战。除提供成品玩具外，要多提供半成品游戏材料引发幼儿的探究行为，如大大小小的盒子、杯子，不同的瓶子和瓶盖，不同的管子和弯头等。

（五）经济性

提倡教师和幼儿就地取材，共同收集废旧物品，自制游戏材料。要注重巧妙运用材料的特点，以免陷入为了自制而自制的误区。如元宵节过后，大家收集了各式各样的元宵盒，蛇形元宵盒引起了王老师的注意，她巧妙地借助盒子的蛇形凹槽，投放了各种颜色的珠子和工具，幼儿在游戏中动手动脑，锻炼了小手肌肉的发展。

（六）自检性

材料尽可能有利于幼儿自主操作、自主学习、自我检查、自我纠错，这样不仅能更好地促进益智区游戏的有序开展，更有助于提升幼儿的独立性、自主性以及发现问题、解决问题的能力。如“图形宝宝回家”，每个图形都对应一个与它相吻合的镶嵌孔，如果选择错误，就无法嵌入图形。

四、组织流程

益智区游戏活动没有固定的形式，往往要根据投放的材料以及幼儿在区域中活动开展的实际情况来确定流程，一般包括以下几个方面：

（一）了解玩具与材料玩法

- 无特定规则，玩法比较开放的材料，如盒子、瓶盖等 → 直接游戏
- 操作方法简单，操作过程相似的材料，如拼图、嵌板、接龙、迷宫等 → 简单讲解操作注意事项
- 有固定规则和玩法的材料，如棋类、对对碰等 → 讲解规则　示范玩法
- 方法较复杂，规则性较强的数学类游戏材料 → 讲解示范玩法后教师可介入游戏

（二）选择材料进入游戏

幼儿进入益智区后，教师要充分观察，根据不同的问题进行有针对性的引导。

- 不遵守规则：正面鼓励；环境暗示；同伴影响；适当惩戒
- 不善于合作：创造合作机会；引导合作方法；鼓励合作行为

（三）收拾整理材料

引导幼儿了解益智游戏各类材料的整理方法，正确而有条理地做好收拾整理工作。

- 数学类材料、棋类材料等——物归原位　摆放整齐
- 拼图、接龙、配对等材料——打乱顺序摆放　为后面操作做好准备

（四）分享交流

教师可根据益智游戏的整体情况、幼儿的具体表现，有针对性地、有重点地选择和确定交流与分享的内容。

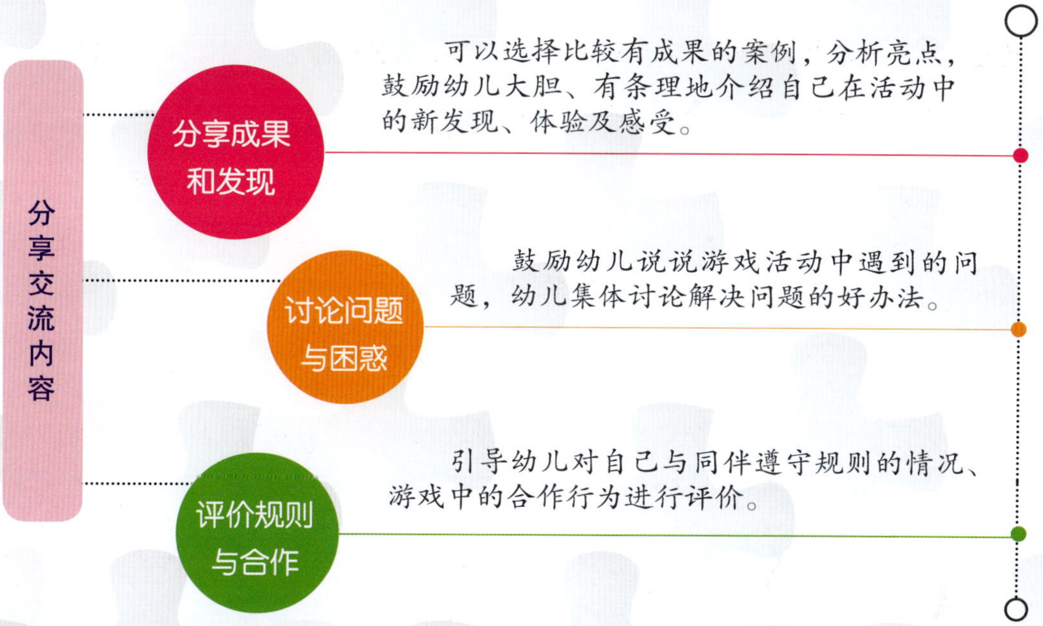

五、时间的安排

保证幼儿游戏的时间，就是保障幼儿的游戏权利。教师要重视幼儿的益智游戏活动，不能因为其他活动而挤占幼儿游戏的时间，也不要因为游戏前的介绍或游戏后的评价而过多地占用游戏时间。益智游戏活动的时间可以从每天、每周、每学期三个不同时间维度去落实。

（一）班级益智区游戏

各班级每天都要组织开展益智区游戏，上午的益智区可以幼儿自主游戏为主，时间为1小时；下午的益智游戏偏重于规则性游戏，时间为40分钟。教师可结合课程、主题、幼儿经验投放和调整游戏材料，列出每周益智区的游戏材料。幼儿每天根据来园先后顺序在区域活动计划表上进行选择，教师应掌握和调控每周幼儿对区域的选择情况，保证每名幼儿在益智区活动的时间。

（二）专项活动室及专门开辟的益智空间开展的活动

对于益智专项活动室或专门开辟的益智空间，采取全园统一管理，轮流进室活动的形式。中、大班每周尽量保证两次活动，小班可每周一次活动。各班级进区活动后教师可填写《益智专项活动室幼儿入区及游戏情况记录表》，对幼儿选择区域情况进行记录，对幼儿游戏过程进行简要评价。

益智专项活动室幼儿入区及游戏情况记录表

班级：　　　　　　指导教师：　　　　　　时间：

区域	名称	入区幼儿	游戏情况记录或照片	建议

（三）特色益智活动

根据益智游戏的开展与推进，每学期可结合节日（六一、元旦）开展一次特色化的益智游戏活动，如“益智游戏游园会”“小棋王争霸赛”“玩转拼图”等。活动前制定详细的活动方案，过程中对游戏活动进行详细记录，活动后进行评价与反思。特色益智活动的开展是对整学期益智游戏材料投放及幼儿游戏活动现状的大盘点，有利于幼儿园去其糟粕，取其精华，在传承与创新中发展。

六、常规的建立

益智区游戏相对于其他区域，更看重常规的建立，并且常规也有其独特性。

（一）取放材料的规则

- 玩具、材料按标记分类摆放，幼儿自行取用所需材料，材料用完后要放回原处。
- 轻拿轻放，珍惜爱护操作材料。

（二）游戏的规则

- 保持安静，能专心操作，组内同伴要小声交谈。
- 认真观察比较，动脑筋思考，再进行操作。
- 了解材料性能和基本玩法，并注意探索多样化的玩法。
- 每一次活动选择一种游戏，学习做事有始有终，努力克服困难，达到活动目的。

（三）交往的规则

- 能分享游戏材料，不争抢或独占，学习轮流交换、协商和协作等交往技能。
- 遵守规则，赢了不张狂，输了不气馁。
- 想进入别人的游戏，要有礼貌地征得对方同意。

七、常见类型游戏的指导

益智游戏活动涉及的类别较广、内容较多，不同类型的益智游戏，在游戏材料、幼儿关键智能发展等方面有着不同的侧重点。因此，在游戏活动组织过程中，除了使用一些常用的支持与引导策略之外，针对益智游戏中比较常见的类型，如棋类、拼图、迷宫等，教师还应细心观察幼儿游戏典型表现，投放适宜的游戏材料，让幼儿在益智游戏中获得深度的发展。

例如：

拼图游戏幼儿典型表现、材料投放及指导策略

年龄班	典型表现	相关材料投放	指导策略
小班	1. 主要通过尝试—错误来完成简单的轮廓填充。 2. 依据图形、图案的典型特征选择和判断并尝试拼摆。 3. 喜欢独立游戏。	1. 图形颜色鲜艳（如：红、黄、蓝三色）。圆形、正方形、三角形等常见图形。 2. 水果、蔬菜、动物等形象单一的卡通图案。 3. 数量在 4~6 块为宜。 4. 图形块较大（边长为 10 厘米左右）。	1. 提供操作嵌板，进行图形、图案整体镶嵌和二等分镶嵌。 2. 进行各种形式的图形、图案配对游戏。 3. 提供具有形状特征的实物，创设游戏情境，让幼儿运用多种感官感知图形、图案的基本特征。
中班	1. 通过尝试—错误来组合拼摆，通过图形和图案的轮廓线和轮廓线的长度拼配图形。 2. 通过观察、比较几何图形、图案的边和角尝试拼摆。 3. 喜欢模仿同伴并尝试与同伴合作拼摆。	1. 图形颜色可以增加到 6 种。不同大小的正方形、长方形、三角形、圆形等图形。（考虑图形转换之间的比例） 2. 在卡通实物基础上添加背景图案，可以是一幅画面多个事物。 3. 数量在 10 块左右为宜。 4. 图形块相对比较小（边长为 5 厘米左右）。	1. 先后提供常见规则图形、图案（如正方形）嵌板和不规则图形（如小房子外形）嵌板，进行图形、图案多等分镶嵌。 2. 玩猜一猜游戏，鼓励幼儿推测几个图形、图案组合在一起后会变成什么形状和画面。 3. 将不同拼摆水平幼儿合理分组，便于幼儿迁移提升拼摆经验。
大班	1. 通过心理表征来解决部分图形、图案的组合拼摆。 2. 观察图形、图案边角变化，既能通过边也能通过角来判断要选择的图形和图案进行创意拼摆。 3. 拼摆中能与他人合作交流并分享经验。	1. 图形颜色可以增加到 8 种，如不同大小的正方形、长方形、三角形、圆形、半圆形、平行四边形、梯形等。还可以丰富一种图形的种类，如直角三角形、等腰三角形、等边三角形、锐角三角形等。 2. 各种风景、人物、动物故事连环画面。 3. 数量在 20 块以上。 4. 图形块较小（边长为 1~4 厘米）。	1. 提供各种图形、图案嵌板，进行图形、图案多等分镶嵌，并尝试对镶嵌的结果进行记录和统计。 2. 开展拼图比赛等小游戏，在快速拼摆中提高心理表征能力。 3. 单独或合作进行主题创意拼摆并交流分享经验。 4. 提供磁力操作板，便于展示幼儿的拼摆作品，达到同伴之间分享与学习的目的。

棋类游戏幼儿典型表现、材料投放及指导策略

年龄班	典型表现	相关材料投放	指导策略
小班	1. 只专注于玩棋的这种行为，满足于行棋的动作，行棋时毫无策略，对游戏结果并不在意。 2. 游戏中规则意识淡薄。 3. 喜欢独自游戏的棋类，不能和同伴协调合作。	1. 喜欢有小动物形象和色彩鲜明的棋子，棋子要大而醒目。如套娃棋、兔子棋。 2. 提供情境和故事棋盘。 3. 机遇棋的骰子以点、物为主，点数不超过3个。	1. 幼儿用棋需同时准备5~6套，避免因数量不足导致纠纷。 2. 应投放有故事情境、形象生动的棋类玩具，玩法和规则简单易行。 3. 小班不适合玩策略性棋类，建议投放简单的机遇性棋类。
中班	1. 初步知道行棋的目的，但在游戏中呈现以自我为中心的状态，关注不到同伴，不具备竞争性，不太在意输赢，游戏的取胜更多依赖运气而非策略，多次游戏后才慢慢有了策略的萌芽。 2. 能够理解规则，并按规则游戏，偶尔有违反规则的现象。 3. 初步产生合作意识。	1. 棋子还是以形象的事物为主，可适当出现形状棋子，如飞行棋中的飞机棋子，旅游棋的汽车、行人棋子，还可投放花形棋子、圆形棋子、方形棋子等。 2. 棋盘上的格子、线条尽量简单。（如九宫格、十六宫格） 3. 机遇棋中的骰子以点、数为主，点数在6以内。	1. 刚开始玩棋类游戏，尽量设置简单的游戏规则，保持幼儿对棋类游戏的兴趣。循序渐进地根据幼儿兴趣增设不同游戏规则、不同难度的玩法，贴近幼儿的游戏水平。 2. 中班上学期以机遇棋为主，可适当配置策略性棋类。
大班	1. 能对行棋策略予以关注，喜欢挑战和竞赛，看重输赢的结果，有时甚至会为了赢棋而违反规则。 2. 能理解规则、运用规则、制定规则并遵守规则。 3. 在游戏过程中可以协调和玩伴的不同意见，开始比较彼此的表现，考虑对手的意图。	1. 棋子的形式趋于简单、实用，能分清双方的颜色或形状即可，如跳棋、黑白子等。 2. 棋盘线路和格子可相对复杂，可以出现横、竖、斜、弧形等交叉棋路的变化。 3. 机遇棋中的骰子形式多样。常规的正方体骰子可以变化为红绿加减骰子、题卡骰子，还可以运用翻数字牌、猜拳等形式体现机遇的变化。	1. 当发生问题时引导幼儿找出原因并根据问题制定相应的规则，在运用规则的过程中不断调整、完善规则。 2. 开展各种类型的棋类竞赛，在反复的角逐过程中促进幼儿策略的运用和发展，达到小步递进的作用。 3. 组织讨论棋谱的活动，引导幼儿对行棋策略予以关注。 4. 大班以策略棋为主，机遇棋的玩法也要增加策略的运用。

第三章 幼儿益智游戏活动的观察与评估

观察是最基本的研究方法。对益智游戏进行观察，可以加深教师对幼儿的活动兴趣、个体需要以及发展水平的了解，帮助教师更深刻地理解幼儿，调整自己的儿童观及教育策略。通过对游戏中幼儿的评价，了解游戏的适宜性、有效性，从而调整材料和游戏，促进每个幼儿的发展。

一、游戏的观察

面对益智游戏中幼儿的众多行为，首先要厘清的就是要观察什么。观察的并非是幼儿的全部行为，而是在益智游戏情境下，能反映幼儿成长发展情况的有意义的典型行为。

（一）观察的内容

1.幼儿的神情、体态与动作

神情、体态、动作的变化及不同，标志着心理活动、实际发展水平的变化与不同，这在幼儿身上体现得尤为明显。如观察幼儿的眼神是专注的还是游离的，是自信的还是犹豫的，就能了解幼儿对活动的反应；观察幼儿注意的神态、注意时间的长短，就能分析出幼儿对活动的喜爱程度；观察幼儿动作幅度和密度的大小，动作顺序的先后，动作的流畅性、精确性、协调性等，是判断幼儿思维发展水平的重要指标。

2.幼儿使用材料的情况

益智游戏中，幼儿选择材料的目的，所选材料的数量、种类及难易程度，操作材料的方法和习惯，解决问题的方式等，都能够反映幼儿在认知等方面的发展变化与个体差异，具有重要的观察价值。

3.幼儿在区域的偶发行为

自然随机观察具有无目的性和无计划性的特点，多是教师在无意中看到或听到的，所收集的信息往往具有偶发性，往往也能捕捉到意想不到的信息。

4.幼儿的活动结果

益智游戏的活动结果是多种多样的，如拼图作品、描述的一个事件、竞争的输赢等，对幼儿的活动结果进行观察，可以帮助教师判断幼儿的操作结果是否达到了预设的目标，不能完成的困难在哪里，原因是什么，幼儿表现出哪些方面的优势和弱势，属于什么层次水平等问题。

（二）观察的记录

明确观察的内容之后，就需要采取科学的方法进行记录。观察记录的方法很多，这里只对教师常用的方法进行介绍。

1.多媒体记录

利用摄像机、照相机、录音笔等多媒体手段，可以将幼儿真实的游戏活动情况进行完整或有重点的记录，获得真实而准确的信息。通过活动片段回放，引发幼儿回忆、交流、学习、共建经验。多媒体记录法将幼儿的活动资料长期地保留下来，需要的时候可以随时回放，再现或确认当时的活动情境。

2.观察表记录

观察表记录一般用于对益智游戏的有目的观察，观察内容包括：游戏材料投放的适宜性、幼儿对游戏材料的兴趣、幼儿在游戏中认知水平的发展等。记录可以连续对一种材料进行跟踪式观察，也可以对不同幼儿进行追踪式观察。

观察记录表书写时可以采用“叙述+分析+反思”的三段体式，包括观察时间、观察地点、观察目的、观察背景、观察内容记录、观察分析及指导策略几方面的内容。

益智游戏观察记录表

<table>
<tr><td>活动内容</td><td colspan="8">数学棋</td></tr>
<tr><td>观察对象</td><td colspan="3">大三班幼儿</td><td>观察时间</td><td colspan="4">2016.3.24</td></tr>
<tr><td>观察地点</td><td>大三班</td><td>观察形式</td><td>集体</td><td></td><td>小组</td><td>√</td><td>个别</td><td></td></tr>
<tr><td>观察目的</td><td colspan="8">幼儿在玩数学棋时对策略的运用如何，不同能力水平的幼儿数学逻辑关系的建立水平有何差异。</td></tr>
<tr><td>观察背景</td><td colspan="8">幼儿对数学棋的玩法和游戏规则已经理解。</td></tr>
<tr><td colspan="5">观察内容</td><td colspan="4">照片</td></tr>
<tr><td colspan="5">场景一：（见图一）
菲菲拿起一张纸牌，上面是数字3，她拿起自己的黄色棋子A向前走了三步。又轮到菲菲走棋，她抓到了数字是4的纸牌，她又将自己的棋子A向前移动了四步。
场景二：（见图二）
岳岳第一次翻牌出现的是数字4，便将棋子A向前走了八步，因为那样比走四步离终点更近。第二次翻牌出现的是数字3，他想把棋子走到五角星上，然后跳到下一个五角星上，所以他没将数字加倍。第三次出现的是数字2，他看到没有可以滑行的机遇，就走了四步。</td><td colspan="4">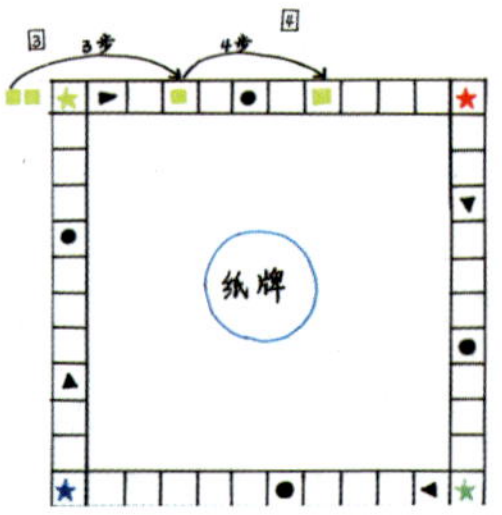
图一
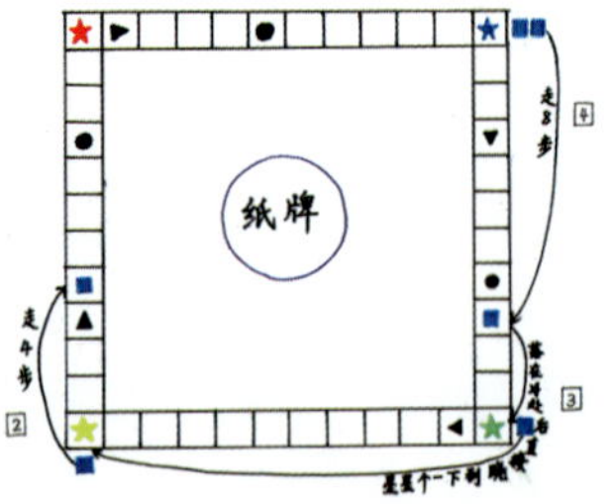
图二</td></tr>
</table>

场景三：（见图三）

风翰翻牌出现的是数字3，他先把棋子A移动三步落在一个五角星上，然后再跳到另一个五角星上。接着他又将棋子B移动三步落在三角形上，可以滑行到圆形。最终，他把棋子A留在五角星上，把棋子B退回原处。

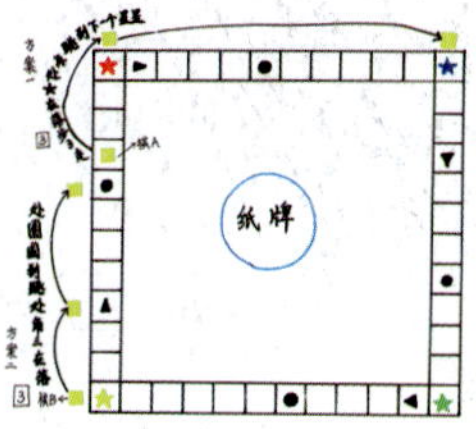

图三

分析

1. 在玩棋过程中，菲菲总是根据纸牌上的数字移动同一颗棋子。她能记住游戏规则，也能记住所有数字的两倍是多少，而走棋的时候，却从没有用过将数字加倍的优势，也从未向前移动过另一颗棋子。菲菲的逻辑数学思维能力处于较低水平。她所建构的唯一关系就是纸牌上出现的数字和移动棋子的步数间的关系——而且总是同一颗棋子。

2. 岳岳考虑了根据出现的数字走棋或者将其加倍后走棋。走每一步时，岳岳都在不同的数字与跳动或滑行间建构起一种关系，可见他在数量思维上取得了进步，在时空思维上也有所进步。后来，岳岳翻牌出现的是3，他便将其加倍来移动A棋子（见图三），没有注意如果移动B棋子就可以有一次滑行的机会。岳岳的数学思维能力正在建立，尽管只是起步阶段，但是运用到棋类游戏中的功效已经初步显现。

3. 风翰在下棋过程中既考虑到规则中提供的机会，同时又能兼顾两个棋子，有选择性走棋，可见风翰不仅在数量思维上有很大的发展，数学空间逻辑思维能力已经开始形成。数学空间逻辑思维能力的形成和发展将会使风翰在玩数学棋游戏中有更好的表现。

指导策略

1. 幼儿数学逻辑思维能力的建立必须符合幼儿思维发展水平。幼儿思维能力的发展是一个持续、渐进的过程，各自的发展速度和达到某一水平的时间不完全相同。教师要充分理解和尊重幼儿发展中的个别差异，支持和引导他们从原有水平向更高水平发展。

2. 由于幼儿在游戏水平上存在差异，游戏前教师要注意幼儿分组情况。在最初几次游戏时，应该将不同水平的幼儿分配到同一棋盘上，这样水平高的幼儿就能带动水平低的幼儿，同伴之间的互助学习更能积极促进幼儿进行逻辑推理。

3. 教师更适合做幼儿的游戏伙伴，是幼儿的支持者、合作者和引导者。教师可在适当的时候参与游戏。当幼儿可以独立地玩游戏时，教师可以坐下来和他们一起玩。这样，教师就可以了解幼儿的思维水平，就会明白应该如何进行最好的指导。

3.故事记录

故事记录是教师对幼儿在自然状态下发生的一些典型行为或偶发事件进行客观描述的记录方法。在教师看来，它是一种简短的记叙报告，也是一种描述真实客观事件的重要行为。教师要做到以下几点：

★ 按照事情发生顺序来记录，仅仅记录事实。

★ 尽量把中心人物的言谈举止、在场其他人的活动以及行为发生的背景如实地记录下来。

★ 使用描述性词语，不要使用判断性和解释性的词语。

★ 对事件的实际描述和对事件的解释分开来写，将“实际看到的与听到的”与“自己的看法及对这些行动的诠释”区别开来。

乒乓球被卡住了怎么办?

看着开心的航航，我又往盒子里放了一个稍大的藤球，只见他增加了管道的宽度，小藤球顺利地滚了过去。在玩的时候航航惊喜地说：“老师，快看，这里有两条路线可以到达出口。”我说：“哪个是出发点呢？”于是他在出口和入口处做了标记。我伸出了大拇指说：“再添一个乒乓球，你挑战一下。”我向管道里扔进一个乒乓球，乒乓球被卡住了。他认真地想了想，拿了一块插塑叠放在原来的玩具上，把左边垫高，又将三块插塑叠在一起插在右边，增加了高度，乒乓球顺利滚过去了。这一次他又成功地将三个不同大小的球，通过倾斜盒子寻找合适的角度，使小球在管道中滚动起来，最终到达出口。

4.作品分析

对幼儿益智游戏活动中的作品进行有规律的、周期性的、系统的记录和分析，如幼儿各种类型的拼图作品、幼儿自主制作的迷宫等。对作品有目的地记录与分析，能从中解读出幼儿发展阶段和游戏水平。

图形拼图的作品分析

斌斌首次拼摆的画面比较丰满，但运用图形组合的种类比较少，只选用两个小长方形拼出一个大长方形。在随后的游戏中他开始尝试选择自己常见的图形进行组合拼摆，比如将两个正方形合并成一个长方形，将两个半圆形组成一个圆形，将两个三角形组成一个正方形、一个长方形或者一个大三角形等。幼儿在反复操作中，逐步积累了相关经验：幼儿在运用长方形、正方形、半圆形、弧形进行组合时，只能进行横竖的组合变化，而幼儿对三角形的使用频率最高，组合变数也最大。将这些三角形旋转，变换不同方向后还能组成更多的图形，如梯形、菱形、平行四边形等。

二、游戏的评估

游戏活动的主体是幼儿，活动是否有效都是通过幼儿的表现和发展状况体现出来的，所以，益智游戏活动中对幼儿的评价至关重要。可以从以下几方面入手：兴趣与参与度、认知发展水平、规则意识与能力、社会性发展水平。

幼儿益智游戏活动评价表

一级指标	二级指标	发展层次		
		★	★★	★★★
兴趣与参与度	活动兴趣高低	★无所事事 ★只观望，不参与 ★胡乱摆弄材料 ★打打闹闹	★能够安静投入地摆弄材料	★能够安静投入地摆弄材料 ★兴致勃勃地摆弄玩具和操作材料
	专注与投放度	★在活动中不停地观望别人或追寻教师 ★重复单一的动作 ★眼神游离、犹豫	★有目的地操作材料，专注于自己的活动	★高度专注于自己的活动，积极主动地进行探究与发现
	持续时间长短	★浅尝辄止，简单摆弄一下就算好了	★坚持一段时间，有了结果便转入下一活动	★活动持续很长时间，活动结束意犹未尽
	对活动结果的关注	★不关心有无成果，游戏后将作品随意丢弃 ★输赢、成败无所谓	★在意自己的活动成果，并能与同伴分享交流，有成就感 ★获得成功时情绪愉悦，失败则沮丧	★努力争取有好成绩和成果，不允许别人破坏、轻视自己的作品，渴望教师关注 ★获得成功后自信而喜悦，尝试与同伴分享喜悦，失败后努力寻找原因
认知发展水平	选择材料的计划性	★边想边玩或盲从别人的意见	★有自己的想法，有时也能听取同伴的安排	★对益智区活动很熟悉，目标明确，选择材料时迅速果断，努力尝试实现目标
	选择材料的难易度	★选择自己喜欢的、简单的材料来玩	★先选择自己能轻松驾驭的材料，有成果后，再尝试更换材料	★选择有难度、有挑战的游戏材料
	材料的创造性使用	★只喜欢玩自己熟悉的材料 ★无意识地摆弄材料 ★游戏行为单一	★活动中有时候会创造性地使用材料，多数时间重复使用操作材料	★喜欢尝试新材料，想象力丰富，玩法多样，喜欢挑战新玩法
	经验迁移	★掌握游戏玩法缓慢 ★游戏中变通性差 ★规则性游戏中常常输	★能遵循已有经验游戏 ★规则性游戏中以赢为多	★迁移已有经验，尝试新的经验 ★规则性游戏中的“小常胜将军”

（续表）

一级指标	二级指标	发展层次		
		★	★★	★★★
认知发展水平	游戏中的作品	★粗糙 ★杂乱 ★简单、单一	★整洁，有美感 ★丰富，有自己的想法	★有特点，有创意，内容丰富、表现力强
	解决问题方式	★逃避、放弃 ★有问题问老师和同伴	★发现问题自己尝试去解决，有困难会请教老师和同伴	★能不断发现问题，积极尝试去探究解决问题的方法，不轻易放弃
	结果的反思与评价	★不能正确评价自己的游戏，也不会对他人的游戏进行评价 ★评价时抓不到重点	★能总结评价自己的游戏状况，有时也能发现别人的亮点与问题	★经常能说出自己在游戏中的所见所感，并能发现别人游戏中的亮点与问题，表述明晰，有条理
规则意识与能力	遵守规则	★记不住规则，我行我素，自行其是	★常规行为有序，基本遵守规则	★遵守规则，有时还会提醒同伴遵守规则
	制定规则	★没有制定规则的能力	★能对教师制定的规则提出质疑，尝试提出自己的想法	★喜欢与同伴共同制定规则，并在游戏中发现问题调整规则
	对待违规	★自身频频违规，不听别人提示和劝诫 ★对别人违规视而不见	★有时因兴奋偶尔违规，经提示立刻改正 ★对待他人违规，能主动劝阻和制止或告诉老师	★自身不违规 ★别人违规也能指出，还能与同伴讲道理
社会性发展水平	与人合作	★不愿意与别人一起活动 ★经常是被动沟通	★能和小朋友们友好合作 ★主动与人沟通	★善于与人合作，喜欢和同伴交流玩法 ★采用协商的办法处理和玩伴的关系
	活动中的影响力	★没主意，人云亦云	★能管好自己，有时也跟从别人	★处于主动地位，愿意出主意想办法 ★善于调整自己的行为以适应他人
	纠纷处理	★争夺、打人 ★告状、哭泣	★不惹事，还能适当退让 ★寻求帮助，接受调解	★善于自行解决纠纷，协商明理

第四章 幼儿益智游戏活动案例

拼图类

拼图游戏是益智游戏的一种，大多提供一些部件，让幼儿通过拼组，完成整体图案，融愉悦性与教育性为一体，是幼儿非常喜爱的游戏之一。拼图游戏适宜于各年龄班的幼儿进行游戏，但基于幼儿不同的年龄特点及典型表现，在材料投放和指导上应有所不同。

创意魔盒

游戏目标：

通过拼摆盒子、创意组合和造型，让幼儿感知图形之间的转换关系，探索事物简单的排序规律。

材料准备：

3D 魔盒

水晶魔盒

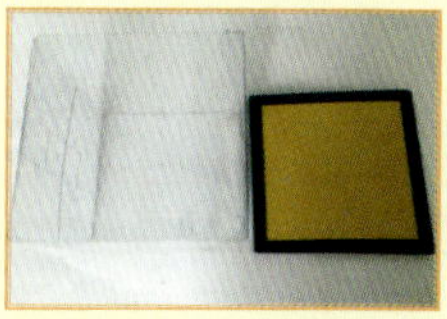
操作盒、操作板

游戏玩法

玩法一：

1.在操作盒里放一张图卡

2.根据图案特征先拼摆眼睛

3.再拼摆嘴巴

玩法二：

1.选择一个盒子放在一角

2.找到相同花纹组合

3.组合成一朵花

玩法三：

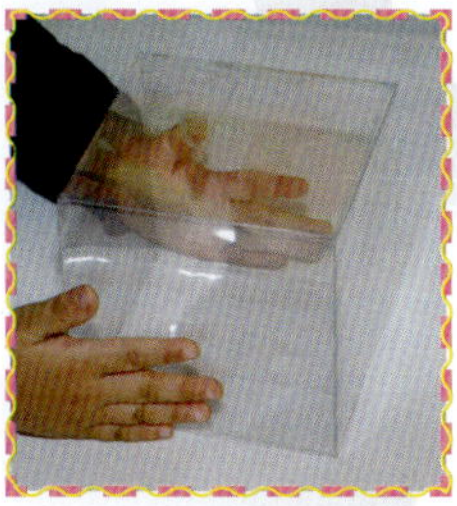

1.选一个水晶魔盒

2.摆满盒子

3.拼出图案

游戏作品

太阳花

窗花

地毯

麦穗

水立方

楼梯

游戏建议

针对不同年龄班幼儿的特点，在投放魔盒材料时应有所不同。小班幼儿能初步感知整体和部分的关系，投放的魔盒可以是带有实物图片的。幼儿刚开始接触拼图时，应提供底图，让幼儿观察图片的典型特征，通过尝试一错误旋转或翻转地拼出图案。中班可提供花纹魔盒，按照四块拼一九块拼一十六块拼一创意拼，不断提升难度。大班可提供图形魔盒、插片魔盒、小球魔盒，引导幼儿在平面拼摆的基础上，尝试立体拼摆。

千变万花

游戏目标：

1.能尝试根据花纹特点进行排序和创意拼摆。

2.能持续、细致、有序、专注地观察与操作。

材料准备：

六种不同的轴对称图案

操作盒

游戏玩法

1.规定拼图块的数量，进行组合拼图，如四块拼图、九块拼图，十六块拼图。

2.自选拼图块进行创意拼图。

游戏作品

1.四块同种图案拼图

2.十六块图案创意拼摆

3.多块图案创意拼摆

游戏建议

1. 此拼图适合各年龄班的幼儿操作。材料投放要循序渐进，刚开始，可以投放两种花纹的木块，让幼儿尝试有序排列或拼摆，引导幼儿观察发现它们简单的排列规律。之后逐渐增加花纹样式，引导幼儿感知图案中隐含的对称关系。

2. 对幼儿的拼图作品适时进行分享与交流，以图片、照片等形式进行记录，拓展幼儿拼图经验。

小图形变变变

游戏目标：

根据图形特点进行创意拼摆活动，能发现图形材料间隐藏的分割和组合关系。

材料准备：

带有磁铁的几何图形

白色磁铁板

游戏玩法

1.镶嵌拼图，如正方形镶嵌拼图、圆形镶嵌拼图。

2.主题拼图，如花儿朵朵、交通工具。

3.自主创意拼图。

游戏作品

1.方形变变变

2.圆形变变变

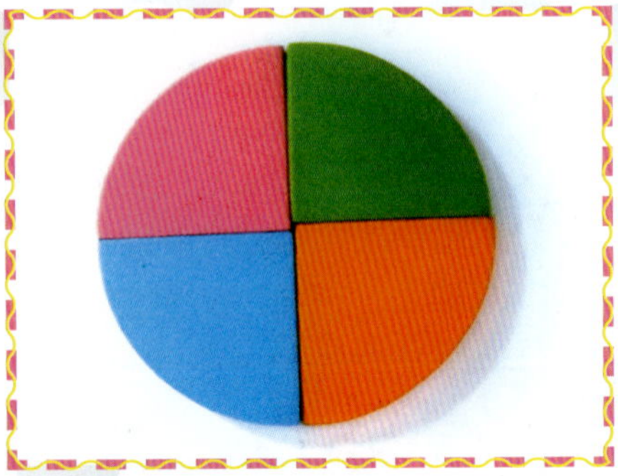

3.创意图形变变变

游戏建议

1. 游戏中也可以将平面操作板改为立体磁力操作板，使幼儿的操作更加便捷、直观。

2. 在组合游戏中如果只关注幼儿拼摆结果而忽视幼儿拼摆过程则很难考察幼儿是有预见地组合还是随意地组合，因此教师要更多地关注幼儿在拼图过程中的表现。

3. 大班幼儿对熟悉的图形，如长方形、正方形、圆形、三角形等的心理表征能力高于不熟悉的图形，可引导幼儿大胆尝试新的图形组合变式，如梯形、平行四边形、菱形等，并不断积累和总结经验，迁移在自己的创意拼摆作品中。

贴纸畅想

游戏目标：

通过拼贴创意组合，让幼儿感知图形之间的转换关系、数和量的关系、形状与空间的关系，探索事物简单的排序规律。

材料准备：

不织布贴

毛线、毛球

各种形状的子母贴

游戏玩法

1.幼儿自主选择喜欢的材料进行创意拼摆。

2.结合主题活动引导幼儿尝试主题拼摆。

游戏作品

1.小班——小动物的新房

2.中班——花儿朵朵

3.大班——机器人

游戏建议

1. 在游戏中教师要善于观察幼儿最喜欢选择什么材料、喜欢拼贴什么图案，如小班幼儿喜欢粘贴各种不织布小动物，多选择长方形的子母贴。中班幼儿更喜欢用毛球、正方形和长方形子母贴。而大班幼儿能灵活运用各种材料创意拼贴，如用三角形组合正方形、梯形、多边形。

2. 讲评环节可重点通过照片回放形式，引导幼儿在观察发现中提升拼贴造型的游戏经验，教师可用便签为作品做评价记录。

3. 操作盒里的材料分类摆放并附有图示，供幼儿一一对应有序取放。

磁力拼图

游戏目标：

1.能根据所选材料的特点进行创意组合拼摆。

2.了解记录和表征的方法。

材料准备：

带有磁铁的泡沫块

带有磁铁的瓶盖

带有磁铁的扣子

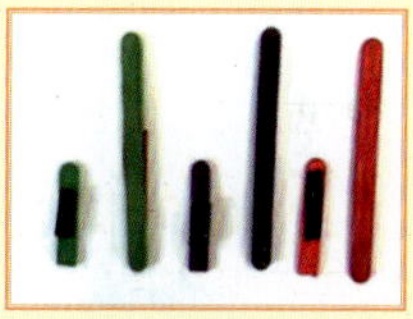

带有磁铁的雪糕棒

游戏玩法

1.自主选择材料创意拼摆。

2.结合主题活动进行组合拼摆。

游戏作品

会动的房子

摩登楼房

温暖的家

欢乐时刻

跳舞的机器人

机器人朋友

游戏建议

1. 收集各种实物图片及前期拼摆作品，有利于幼儿感知不同事物的造型，为进一步创意拼摆打下基础。

2. 中、大班幼儿可以尝试用图形记录作品，感知物体的形体结构，体验图形之间的转换，如三个三角形可组合成一个梯形，四个三角形可组合成一个长方形。

棋 类

幼儿棋类游戏因为玩法简单，棋盘和棋子富有童趣，行棋过程中富有挑战而深受幼儿喜爱。棋类游戏有助于促进幼儿初步逻辑思维能力的发展，培养幼儿正确看待输赢、勇于面对挫折的良好心理素质以及形成规则意识和行为。棋类游戏在小班下学期可开始尝试，在中、大班逐步发展。

五彩跳棋

游戏目标：

1.学会一一点数以及五个不同颜色棋子为一套的计数方法。

2.能策略性地设计行棋路线，争取连跳赢得更多棋子。

材料准备：

棋盘

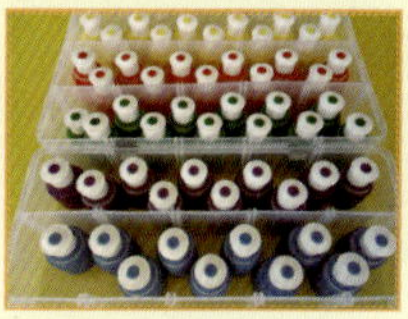

棋子

游戏玩法

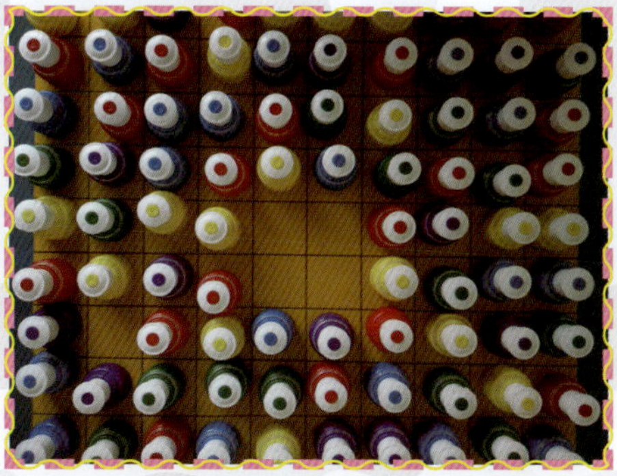

1. 随机摆放棋子，中间空四格

2.甲可以选择绿色棋子跳过红色棋子

3. 赢得跳过的红色棋子

4.乙选择红色棋子跳过蓝色棋子

5. 再跳过绿色棋子

6.赢得一枚蓝色棋子和一枚绿色棋子

7.五枚不同颜色的棋子为一套，多套为胜，若套数相同，则以枚数多获胜

游戏建议

1. 五彩跳棋适合中、大班幼儿。

2. 五彩跳棋赢棋的标准是五枚不同颜色的棋子为一套，多套为胜。因此在玩棋的过程中需要尽量平衡“吃掉”各色棋子。

3. 游戏中的棋子可以用串珠或不同颜色的叠高材料代替。

蝴蝶飞飞

游戏目标：

1.让幼儿学会按箭头指示方向正确计数行棋。

2.养成遵守游戏规则的意识。

材料准备：

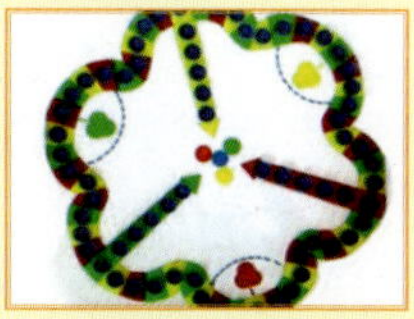

游戏棋盘

骰子、三色蝴蝶棋子

三色磁力花

炸弹积分兑奖牌

游戏玩法

1.棋子放在初始位置，投骰子，按箭头方向和骰子点数行棋

2.遇到与棋子相同的颜色且有虚线箭头时，沿着箭头方向飞到指向位置

3.有一次使用炸弹的机会，设置障碍，对方被炸，棋子后退5步

4.先到终点者为胜，小花作为奖励

游戏规则

1.快到达终点时，若骰子上的数字比到达终点的步数多，多出的步数倒飞，直至飞行的步数正好到达终点。

2.得三朵小花者可以在积分卡上盖一朵小花印章，积累到三朵小花印章后，可换取一个笑脸印章，集满三个笑脸印章者方能赢取一张精美小粘贴。

游戏建议

1. 此游戏棋是飞行棋的前身，因飞行棋对年龄小的幼儿来讲是不太容易理解和接受的，尤其对初学者来说，所以经过对棋盘的改动，游戏玩起来更加简便和有趣。

2. 可将四人游戏拆至两人或三人游戏，对于年龄小的幼儿可先让两人进行游戏，逐步过渡到三人。

解救小动物

游戏目标：

1.在游戏中思考、尝试进行简单的方位、距离推理和分析。

2.建立初步的空间知觉，学习运用空间方位经验解决问题。

材料准备：

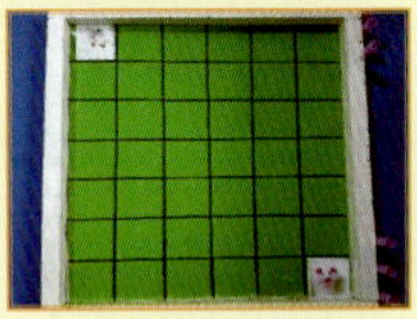

正方形棋盘

障碍棋子

猪宝宝、牛宝宝

游戏玩法

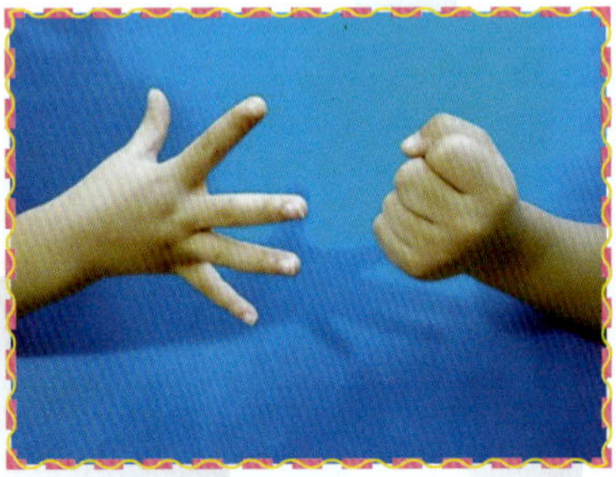

1.双方猜拳

2.轮流上下或左右推动小盒，一次只能推动一下

3.先将猪宝宝或牛宝宝移到自己的家者获胜

游戏建议

1. 此游戏适合大班幼儿。

2. 前期游戏时，幼儿可能是无目的地推来推去，可以将小动物位置设置在它家附近，逐渐增加难度。

步步高

游戏目标：

1.根据骰子上的数量决定行走路线，发展空间方位认知能力。

2.游戏中运用策略取胜，发展幼儿的分析判断、逻辑推理能力。

材料准备：

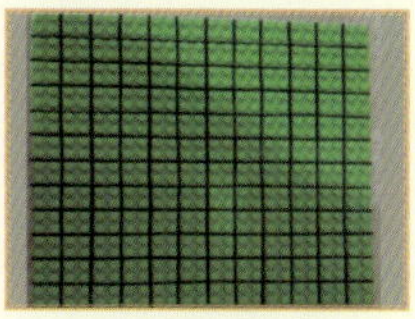

棋盘

乐高积木（两种颜色）

骰子和男孩、女孩角色积木

备注：将深色即时贴剪成与乐高积木底板上的间隙宽度一致的细条，将底板分成 12×12 的区域。

游戏玩法

玩法一：

1.两名幼儿各选一种颜色的积木，数量12块

2.将积木按3块、2块、1块拆分成高楼随意放在底板上，角色积木放在底板对角线两端，设为两处起点

3.移动角色积木，走骰子上数字相应的步数。途经自己选定颜色的“楼房”时，“楼房”被吃掉，放到自己“楼房”的下面

4.谁的积木先被吃光，谁就获胜

玩法二：

1.两名幼儿选同一种颜色的积木15块以上，必须是单数

2.将积木按3块、2块、1块拆分成高楼随意放在底板上，角色积木放在底板对角线两端，设为两处起点

3.移动角色积木，走骰子上数字相应的步数。途经的“楼房”被吃掉，放到自己“楼房”的下面

4.谁的“楼房”高，则谁获胜

游戏规则

1.在玩法一和玩法二中，积木可以在底板上横竖任意走，但不能斜着走。

2.在玩法一中，若男孩或女孩角色积木在途中遇到“楼房”（积木块）时，不能跳过，必须绕行。只有当角色积木最后一步正好落在有“楼房”的格子上时，下次游戏才可将此处“楼房”一同带走。

游戏建议

1. 此游戏适合在中、大班开展。

2. 随着游戏的深入，幼儿可以在棋盘中放置一些“陷阱”，比如“退后一步”“退回原位”等增加游戏难度，使游戏更具有挑战性。

种花棋

游戏目标：

1.掌握五子连线的赢棋策略。
2.有目的地设计行棋路线。

材料准备：

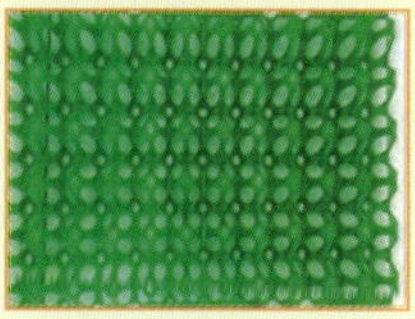
棋盘

红花棋子

黄花棋子

奖牌

游戏玩法

玩法一：

红、黄双方轮流种花，不论横、竖、斜线，只要五朵花连成一条直线就获胜

玩法二：

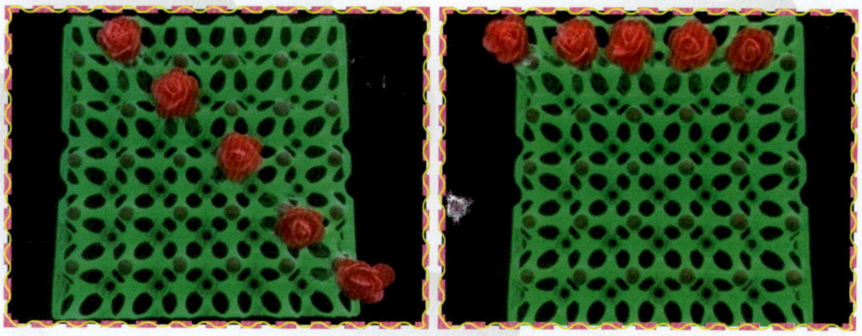

每人五朵花，可上、下、左、右挪动棋子，五朵花连成一条直线获胜

游戏规则

划拳获胜走第一步，棋子落定不可悔棋；不可斜线走，不可跳跃走。

游戏建议

1. 此游戏适合从中班开始。游戏前，教师和幼儿共同游戏三子连线，习得堵截的方式，如三子必堵，再过渡到五子连线。

2. 游戏应从玩法一开始，当有了一定的游戏经验后，再进行玩法二，应由易到难逐步提升。

对对碰类

对对碰是一种经典的消除类游戏，通过对图形、图案、数字等的细致观察、记忆，将相同特性的物体进行消除的一类游戏，是大、中、小班幼儿都喜欢的一种高结构规则性游戏。幼儿在摸一摸、看一看、记一记中调动各种感官进行匹配游戏，在匹配中感受物体的特有属性和规律。

晒袜子

游戏目标：

通过观察袜子的颜色、图案、线条，进行一一配对。

材料准备：

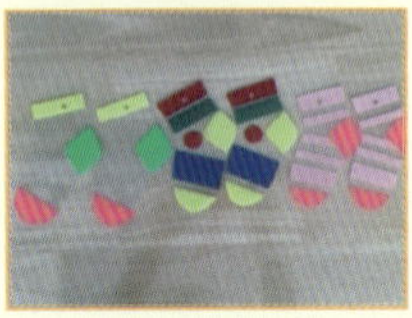
不同花纹的袜子

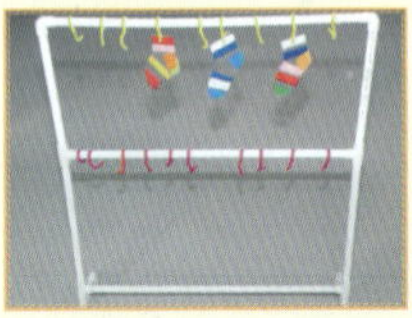
晾晒架

镶嵌板

游戏玩法

晒袜子——在众多袜子里找出相同一对挂在晾衣架上

收袜子——把晒好的袜子收到镶嵌板里

游戏建议

此游戏适合小、中班幼儿。游戏初期，袜子图案不宜太烦琐，可只有颜色的变化，或只在袜尖、袜底、袜口有简单的装饰。幼儿缺少游戏经验，袜子也不宜过多，五双以内为宜。游戏中期，袜子数量可适当增加，图案也可相对复杂。游戏后期，可继续增加游戏难度。

母鸡下蛋

游戏目标：

通过触摸感知发现蛋的软、硬、光滑和粗糙等特性，将相同的“蛋”进行配对。

材料准备：

母鸡造型摸箱

各种不同材质的“蛋”

游戏玩法

1.两人轮流将双手伸进鸡妈妈的肚子里摸“蛋”

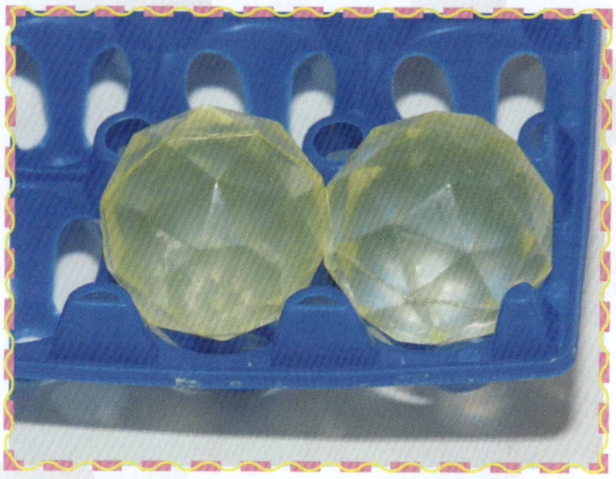

2.摸出相同的“蛋”放到一起

游戏建议

1. 此游戏适合小班幼儿。初次接触游戏时，可以给幼儿提供触觉差异大的“蛋”，让幼儿能够明显地感受到每种“蛋”的不同。在熟悉玩法后，可增加不同大小、不同材质的“蛋”，拓展幼儿感知面，增强挑战性。

2. 在游戏前期可以给幼儿投放触摸墙展板，让幼儿进行触摸，感知物体表面的不同，储备一定的前期经验，感知各种材质的物体。

蝴蝶对对碰

游戏目标：

幼儿尝试通过观察，将蝴蝶和它的影子一一配对。

材料准备：

蝴蝶影子磁板

带磁板的翅膀分离的彩色蝴蝶

游戏玩法

1.提前把蝴蝶的一侧翅膀吸在背板上，幼儿在材料盒中寻找另一侧翅膀，为蝴蝶配对

2.幼儿选取难度适宜的影子背板，从材料盒中选择轮廓相同的两片蝴蝶翅膀粘贴到对应的蝴蝶影子上

游戏建议

1. 此游戏以培养幼儿观察能力为主，玩法简单，适合小班幼儿游戏。

2. 在材料投放过程中，应由易到难。开始投放时，背板上蝴蝶影子的轮廓差别要大些，蝴蝶个数要少，蝴蝶花纹以一种为宜。随着游戏不断深入，可针对同一影子增加不同花纹的蝴蝶。

3. 小班幼儿在配对过程中，多采取旋转试错的方法进行，教师要耐心等待，引导幼儿掌握观察的方法。

花纹对对碰

游戏目标：

通过对材料的摆弄、观察，比较发现动物、植物花纹的细微变化，根据特征进行配对。

材料准备：

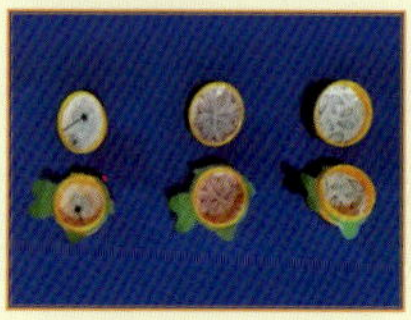
小鱼花纹、鱼竿

奶牛花纹

西瓜花纹

游戏玩法

1.根据小鱼的花纹进行配对

2.将配对成功的乒乓球放入蛋托

游戏建议

1. 此游戏适合中班幼儿操作。

2. 在最初投放材料时，可以先投放颜色、花纹差异较大的小动物，纹路差异较大的西瓜。随着幼儿游戏的深入，在后期材料投放中可以加大难度，如投放相同颜色但只有细微花纹差别的小鱼图片、纹路差异小的西瓜，增加游戏的挑战性。

金龟子对对碰

游戏目标：

有意识地对图片的内容及位置进行记忆，能够在游戏中关注事物之间的关联。

材料准备：

游戏板一个

游戏卡片三套

游戏卡片可插入替换

游戏玩法

1.将游戏卡片插入游戏底板，然后将小球扣在图片上，开始游戏

2.同时翻开两个小球

3.如所翻出的两张图片都是卵生动物，即可赢得小球，赢多为胜

游戏建议

1. 此游戏适合所有年龄段幼儿，游戏材料可以一物多用。教师既可以在“生命的故事”主题中通过玩对对碰游戏加深幼儿对胎生动物与卵生动物的认知，也可以在其他主题活动中替换图片内容继续使用。低年龄段幼儿可从对对碰相同的水果和动物开始，不断升级游戏材料，增强游戏的可玩性和挑战性。

2. 为增强游戏趣味性、自主性与挑战性，中、大班幼儿在熟悉玩法后，教师可提供计时器（沙漏）、记录纸等，让幼儿开展竞赛游戏。另外，图片的内容也可以由幼儿自己设计与绘制。

迷宫类

迷宫游戏是在仔细观察局部和整体的基础上，边判断通往出口的正确路径边前进的游戏。迷宫构成包括起点、终点，复杂的路线（通路、岔路、死路），障碍物、背景，主题等。迷宫游戏能较好地培养幼儿的空间方位知觉、观察、逻辑、判断、推理等综合能力。

小球走迷宫

游戏目标：

1.通过旋转、对应和连接，使小球走出迷宫。
2.探索发现连接迷宫和走迷宫的方法和策略。

材料准备：

侧面带有开口的薯片桶盖、珠子、伞钉、卡片

带孔操作板

游戏玩法

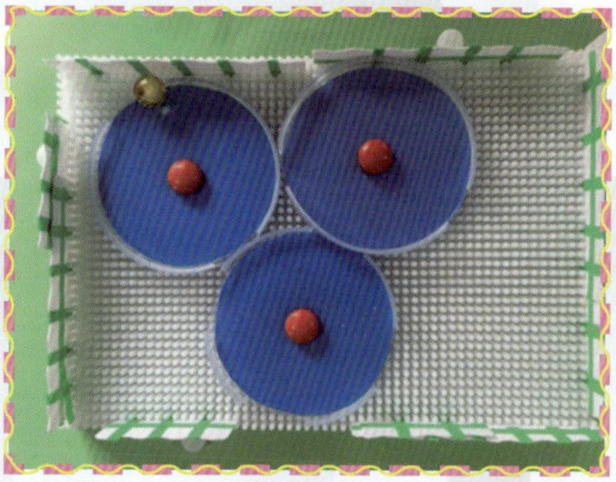

1.将薯片桶盖用伞钉固定在操作板上

2.设置入口与出口，旋转桶盖，让小球走出迷宫

游戏建议

1. 益智区中提供各种迷宫操作书，帮助幼儿了解迷宫的游戏玩法。
2. 可在薯片桶盖侧面开 1~4 个口，珠子直径不要超过 1 厘米。

小动物回家

游戏目标：

通过连接不同颜色的线条，设计迷宫路线，感受合作游戏的快乐。

材料准备：

在盒子上粘贴红、黄、蓝纸条

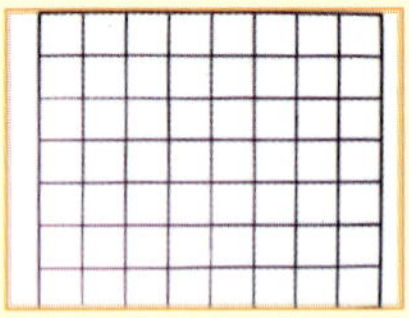

带有格子的操作盘

小动物、房子玩具

游戏玩法

根据盒子上的线条连接一条或多条路，再沿着路线把小动物送回家

游戏建议

游戏可以一名幼儿单独玩，反复变化不同路线，也可以两个人玩，比较走哪条路最近，还可以互相设计阻截障碍，增加游戏趣味。

盒子迷宫

游戏目标：

1.了解迷宫的结构，感受自制迷宫的乐趣，尝试大胆设计迷宫路线，掌握走迷宫的基本方法。

2.提高幼儿有意注意和空间感知能力，学会整体观察，全方位思考。

材料准备：

不带盖的正方体盒子

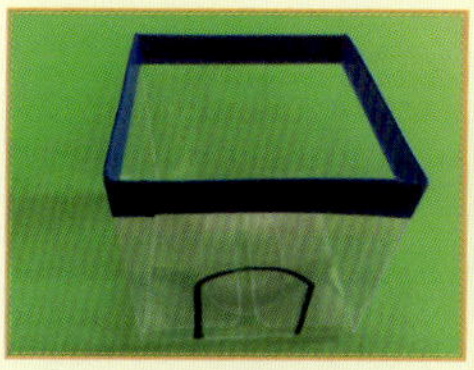

一个拱形门

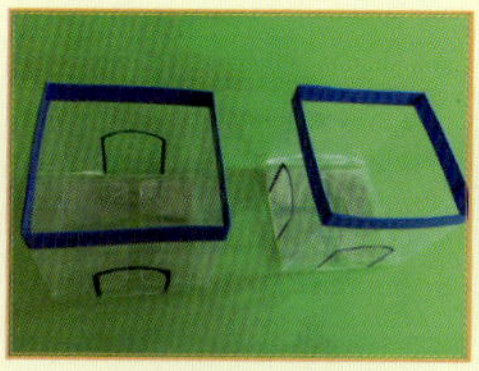

两个拱形门

三个拱形门

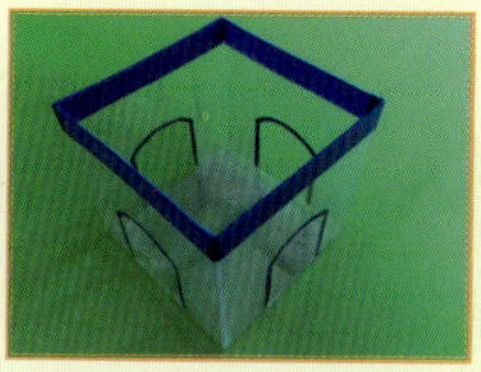

四个拱形门

带盖的正方体盒子

一个圆形门

两个圆形门

三个圆形门

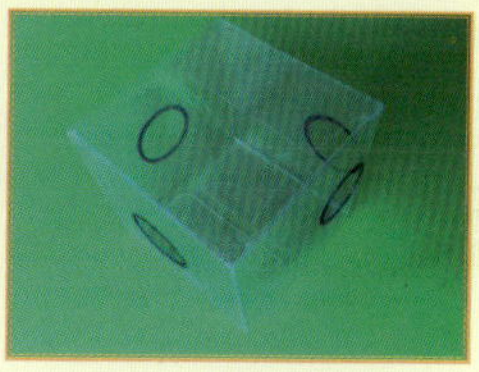

四个圆形门

辅助材料：

曲别针

燕尾夹

小动物卡片

小球、皮筋

游戏玩法

1. 隧道迷宫

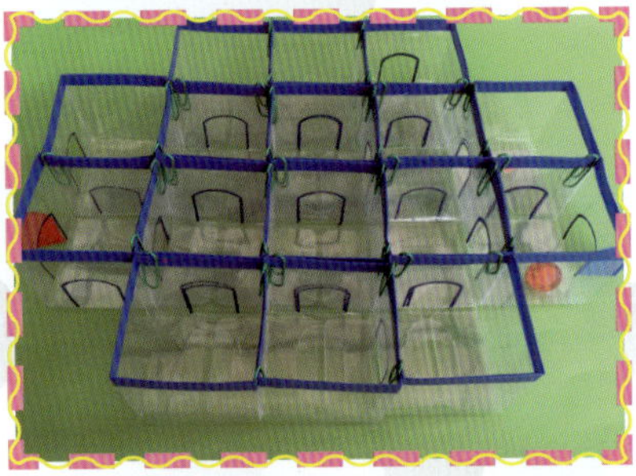

用夹子或曲别针自由组合迷宫路线，放入小球玩穿过隧道游戏

2. 水晶迷宫

1.用皮筋将盒子连接起来

2.从入口放入小球

3.小球从出口滚出来

游戏建议

1. 教师可鼓励幼儿变换盒子的排列形式，创意组合多种造型的迷宫，如飞机迷宫、机器人迷宫、金字塔迷宫等，进一步感受建迷宫、玩迷宫的乐趣。

2. 中、大班幼儿在熟悉盒子迷宫后,可尝试将自己组合的迷宫用图示和符号记录下来。

3. 在玩游戏时，可在图书区增添有关迷宫的书籍，便于幼儿提升游戏经验。幼儿可自己设计迷宫和障碍，运用计时器记录，比比谁在最短的时间里先请小球走出迷宫。

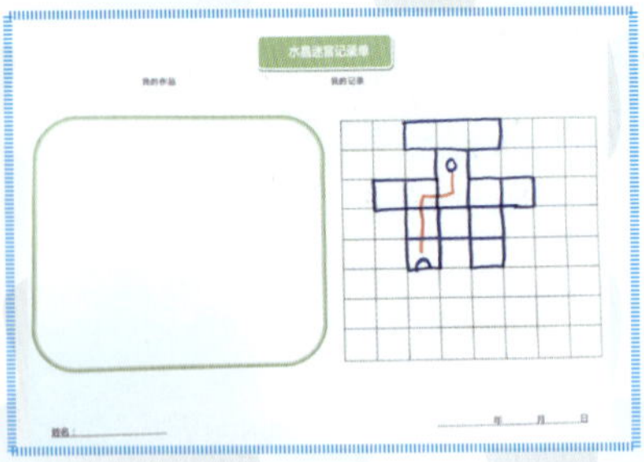

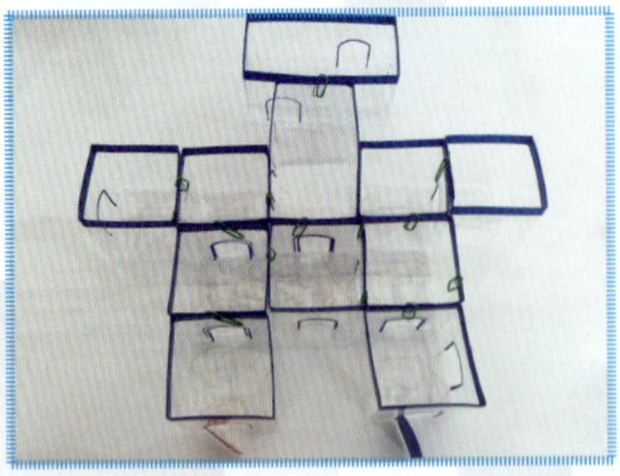

接 龙 类

接龙是幼儿十分喜爱的一种益智游戏，将图形、数字、图片等元素融入牌面中，游戏过程与结果的不确定性让接龙游戏充满了趣味性和挑战性。

骨牌接龙

游戏目标：

尝试利用木块上的图形、图案、数字进行有规律的拼接和组合，并从中发现图形、图案的分类以及数字间隐藏的排序规律。

材料准备：

粘有扇形图片的木块

粘有动植物图片的木块

粘有数字图片的木块

套环、瓶盖、骰子

游戏玩法

小班——图案连连看：幼儿取牌，观察牌两个角上的扇形图案和颜色，寻找与其颜色一样的扇形连接成有规律的图案。

树叶手拉手

小桥连连看

花儿朵朵开

中班——好朋友连连看：幼儿取牌，观察牌两角上物品的类别，寻找与其匹配的物品进行接龙。四个具有相同属性的物品拼成一个圆形后，放上一个套环，表示一组好朋友。

小树叶里的好朋友

月亮里的好朋友

圆圈里的好朋友

大班——数字连连看：幼儿取牌后，观察牌两个角上的数字，按照制定的连接规则进行接龙游戏，成功组成圆形就盖上瓶盖印章。

数字连号接龙

单双数接龙

加减接龙

游戏建议

1. 在接龙游戏中，不用刻意去检验幼儿集合接龙的对错，只要幼儿能说出连接的理由即可。

2. 还可以提供不同颜色、大小、表情、图案的乒乓球、瓶盖等材料，满足幼儿多样化玩接龙游戏的需求。

小球接龙

游戏目标：

观察小球不同特征，尝试进行接龙游戏。

材料准备：

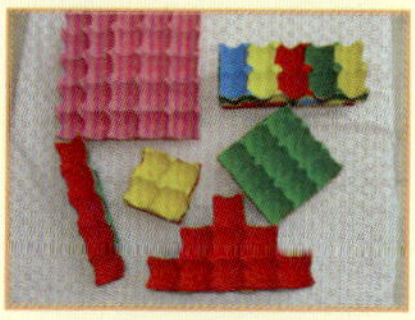

蛋托

表情球

花球

数字球

线条球

竹签

游戏玩法

用竹签将两个小球连接成一组，摆放到蛋托上，排头要和上一组结尾的球一样

游戏建议

1. 此游戏适于各年龄班的幼儿游戏。同样的玩法，可更换不同类型的球进行游戏。小班可只用颜色球进行接龙，中班可尝试使用数字球、线条球、表情球接龙，大班幼儿可在熟练游戏基础上，用小球的两个不同特征进行接龙游戏。

2. 接龙通道也可根据不同游戏水平进行改变。如小班通道短，中、大班幼儿可自行连接通道，进行接龙游戏。

图书在版编目 (CIP) 数据

幼儿园益智游戏活动指导 / 赵春萍，邵日芳主编
— 大连：辽宁师范大学出版社，2018.7
（幼儿园教师实践能力指导与培训丛书 / 赵宇主编）
ISBN 978-7-5652-2715-8

Ⅰ. ①幼… Ⅱ. ①赵… ②邵… Ⅲ. ①智力游戏—学前教育—教学参考资料 Ⅳ. ① G613.7

中国版本图书馆 CIP 数据核字 (2018) 第 167397 号

You'eryuan Yizhi Youxi Huodong Zhidao
幼儿园益智游戏活动指导

出 版 人：王 星
责任编辑：孙晓艳
责任校对：张 爽
装帧设计：周佰惠

出 版 者：辽宁师范大学出版社
地 址：大连市黄河路 850 号
网 址：http://www.lnnup.net
http://www.press.lnnu.edu.cn
邮 编：116029
营销电话：（0411）84206854 84215261 82159912（教材）
印 刷 者：大连飞驰印务有限公司
发 行 者：辽宁师范大学出版社

幅面尺寸：185mm × 260mm
印 张：3.5
字 数：56 千字

出版时间：2018 年 7 月第 1 版
印刷时间：2018 年 7 月第 1 次印刷
书 号：ISBN 978-7-5652-2715-8

定 价：15.00 元